I0082012

INVENTAIRE
Ye 17,911

CHANSONS

NATIONALES,

ET CHOISIES POUR TOUTES LES CIRCON-
STANCES ET RÉUNIONS DE SOCIÉTÉ.

AU MAGASIN GÉNÉRAL

DES BONS AUTEURS FRANÇAIS.

PRIX : 75 CENTIMES.

PARIS,
Chez tous les Marchands de Nouveautés.

BAR-LE-DUC,
ez CARTIER, Imprimeur-Éditeur.

1833.

RECUEIL

DE

CHANSONS.

CHANSONS

NATIONALES,

ET CHOISIES POUR TOUTES LES CIRCON-
STANCES ET RÉUNIONS DE SOCIÉTÉ.

AU MAGASIN GÉNÉRAL

DES BONS AUTEURS FRANÇAIS.

PRIX : 75 CENTIMES.

PARIS,

Chez tous les Marchands de Nouveautés.

BAR-LE-DUC,

Chez CARTIER, Imprimeur-Éditeur.

1833.

LA MARSEILLAISE.

AIR : *De la marche des Marseillais.*

Allons, enfans de la patrie,
Le jour de gloire est arrivé :
Contre nous de la tyrannie,
L'étendart sanglant est levé (bis).
Entendez-vous, dans les campagnes,
Mugir ces féroces soldats ;
Ils viennent jusque dans vos bras
Egorger vos fils et vos compagnes.

Aux armes citoyens ! formez vos bataillons ,
Marchez , marchez, qu'un sang impur
Abreuve nos sillons.
Marchons , marchons, qu'un sang impur
Abreuve nos sillons.

1**

Que veut cette horde d'esclaves,
De traitres ! de rois conjurés !
Pour qui ces ignobles entraves ,
Ces fers dès long tems préparés ?...
Français, pour nous, ah !: quel outrage,
Quels transports il doit exciter !
C'est nous qu'on ose méditer
De rendre à l'antique esclavage.

Aux armes , citoyens , etc.

Quoi ! des cohortes étrangères
Feraient la loi dans nos foyers ;
Quoi ! ces phalanges mercenaires
Terrasseraient nos fiers guerriers.
Grand Dieu ! par des mains enchainées ,
Nos fronts sous le joug se ploiraient ,
De vils despotes deviendraient.
Les maîtres de nos destinées !

Aux armes , citoyens , etc.

Tremblez, tyrans et vous perfides ,
L'opprobre de tous les partis.
Tremblez, vos projets parricides
Vont enfin recevoir leur prix. (bis.)
Tout est soldat pour vous combattre !

S'ils tombent, nos jeunes héros,
La France en produit de nouveaux,
Contre vous tout préts à se battre.

Aux armes, citoyens, etc.

Français et guerriers magnanimes,
Portez ou retenez vos coups ;
Epargnez ces tristes victimes,
A regret s'armant contre nous   (bis.)
Mais ces despotes sanguinaires,
Mais les complices de Bouillé,
Tous ces tigres qui, sans pitié,
Déchirent le sein de leur mère,

Aux armes, citoyens, etc.

Amour sacré de la patrie,
Conduis, soutiens nos bras vengeurs :
Liberté, liberté chérie,
Combats avec tes défenseurs : (bis)
Sous nos drapeaux que la victoire,
Accoure à tes mâles accens !
Que tes ennemis expirans
Voient ton trîomphe et notre gloire.

Aux armes, citoyens, etc.

~~~~~~

LA PARISIENNE.

Peuple français, peuple de braves
La Liberté r'ouvre ses bras ;
On nous disait : Soyez esclaves !
Nous avons dit : Soyons soldats !
Soudain Paris dans sa mémoire,
A retrouvé son cri de gloire :

  En avant, marchons
  Contre leurs canons ,
A travers le fer, le feu des bataillons ,
  Courons à la victoire.

Serrez vos rangs qu'on se soutienne,
Marchons chaque enfant de Paris ,
De sa cartouche citoyenne ,
Fait une offrande à son pays.
O jour d'éternelle mémoire,
Paris n'a plus qu'un cri de gloire :
  En avant , etc.

La mitraille en vain nous dévore,
Elle enfante des combattans ,

Sous les boulets, voyez éclore
Ces vieux généraux de vingt ans.
O jour d'éternelle mémoire,
Paris n'a plus qu'un cri de gloire :
   En avant, etc.

Pour briser leurs masses profondes,
Qui conduit nos drapeaux sanglans,
C'est la liberté des deux mondes.
C'est Lafayette en cheveux blancs.
O jour d'éternelle mémoire !
Paris n'a plus qu'un cri de gloire :
   En avant, etc.

Les trois couleurs sont revenues,
Et la colonne avec fierté
Fait briller à travers les nues
L'arc-en-ciel de la liberté.
O jour d'éternelle mémoire !
Paris n'a plus qu'un cri de gloire :
   En avant, etc.

Soldat, du drapeau tricolore,
D'Orléans, toi qui l'as porté,
Ton sang se mêlerait encore
A celui qu'il nous a coûté.

Comme au beau jour de notre histoire,
Tu redirais ce cri de gloire :
   En avant, etc.

Tambours du convoi de nos frères,
Roulez le funèbre signal ;
Et nous, de lauriers populaires
Chargeons leur cercueil triomphal.
O temple de deuil et de gloire !
Panthéon, reçois leur mémoire !

Portons-les, marchons,
Découvrons nos fronts.
Soyez immortels, vous tous que nous pleurons,
   Martyrs de la victoire.

LE PRINTEMS.

Déjà tout renaît à la vie,
L'hiver au loin fuit en couroux ;
Déjà sur la terre embellie
Phébus lance un regard plus doux.
Autrefois ma muse légère
Eut chanté de si beaux instans ;
On m'aimait, j'ai cessé de plaire :
Non, je n'aime plus le printems (*ter*).

Lorsque l'alouette légère
Du matin chante la fraicheur;
Son chant joyeux me désespèr :
Il me rappelle mon bonheur.
Du tourtereau tendre et fidèle
J'écoute les joyeux accens;
Mais je n'ai plus de tourterelle :
Non je n'aime plus le printems (*ter*).

Fleurs qui me rappelez Adèle,
Jeunes rosiers, myrtes fleuris,
Je ne vous cueille plus pour elle,
Pour moi vous n'avez plus de prix.
Berceau riant dont le feuillage
Sert d'asile aux heureux amans,
Que faire seul sous votre ombrage ?
Non, je n'aime plus le printems (*ter*).

LE GARÇON.

Quand on n'est que garçon,
Jamais de soucis, de tristesse :
On est toujours dans l'allégresse;
Partout on agit sans façon :
Tout est plaisir, tout est ivresse
Quand on n'est que garçon (*bis*).

Quand on n'est que garçon,
Par ma foi ! vogue la galère,
On boit, on mange et l'on digère,
On se rit du qu'en dira-t-on ;
Le jour, la nuit on peut tout faire
    Quand on n'est que garçon (*bis*).

Quand on n'est que garçon,
On court de la brune à la blonde ;
Tout vous chérit, tout vous seconde,
Chez les mamans point de raison ;
On est reçu le mieux du monde
    Quand on n'est que garçon (*bis*).

L'AVEU.

Air : *Femme sensible.*

Je te l'ai fait sans te mettre en colère ;
Je te l'ai fait et la nuit et le jour,
Et suis encor tout prêt à te le faire
Le tendre aveu du plus sincère amour.

Quand je le fis, j'étais loin de ta mère,
Et je t'appris à le faire à ton tour :

Que nous trouvions de plaisir à le faire
Le tendre aveu du plus parfait amour !

Oh ! disais-tu, du feu qui me dévore
Oui je me sens consumer à mon tour ;
Nous sommes seuls, fais-le moi vite encore
Le tendre aveu du plus charmant amour.

Si jeune encor, sur l'autel de Cythère
Renouvelons nos sermens chaque jour ;
Quand on est vieux, on ne peut plus le faire
Le tendre aveu du plus ardent amour.

LE VIOLON PRIS ET RENDU.

Air *connu.*

Monsieur le curé de Vlaine,
Quoi vous vous êtes fâché !
C'est vous donner trop de peine
Pour nous tirer du péché (bis).
Laissez faire, laissez dire,
Surtout laissez-nous sauter ;
Nous n'avons qu'un tems pour rire :
Laissez-nous nous amuser
    Zon-zon-zon
Au doux son du violon.

Ma foi , ce n'est guère honnéte ,
Et vous n'avez pas raison
De venir un jour de fête
Prendre notre violon   (bis.)
Quand vons célébrez l'office ,
Ah ! si quelqu'un d'entre nous
Vous prenait votre calice ,
Monsieur , que lui diriez-vous ?
    Zon-zon-zon ,
Rendez notre violon.

Ah ! dans le siècle où nous sommes ,
Voyez-vous , notre curé ,
On ne mène plus les hommes
Comme autrefois par le nez   (bis.)
Suivez votre ministère ;
Préchez-nous tout bétement ;
Fâchez-vous dans votre chaire ,
Mais dehors c'est différent.
    Zon-zon-zon ,
Rendez notre violon.

Vous nous défendez la danse ,
Et David , ce roi des rois ,
Devant l'arche d'alliance
Gigotait bien autrefois (bis.)

Mon cher, ne vous en déplaise,
Ce saint roi vous valait bien ;
Laissez-nous donc à notre aise
Sauter comme a fait ce sàint.
    Zon-zon-zon, etc.

Ayez l'esprit plus docile
Aux paroles de Jésus,
Et voyez dans l'évangile
Si les bals sont défendus   (bis.)
Au diable votre défense,
Si Jésus n'en a rien dit ;
S'il n'eut point aimé la danse
Le bal serait interdit.
    Zon-zon-zon, etc.

Quoi ! malgré votre colère,
Quelle honte ! quel affront !
Vous avez chez notre maire
Rapporté le violon   (bis.)
Que cette leçon vous serve,
Et vous rende plus prudent ;
Allez, que Dieu vous conserve,
Mais toujours en attendant,
    Zon-zon-zon,
Malgré vous nous danserons.

                        2*

DÉLIRE BACHIQUE.

AIR : *Pommes de reinettes et pommes d'apis.*

Quand on est mort c'est pour long-tems
　　Dit un viel adage
　　　Fort sage ;
Employons donc bien nos instans ,
　　　Et , contens ,
Narguons la faux du tems.
De la tristesse
　　Fuyons l'écueil ;
　　Evitons l'œil
De l'austère sagesse.
　　De sa jeunesse
　　Qui jouit bien ,
　　Dans sa vieillesse
Ne regrettera rien.
　　Si tous les sots ,
　　Dont les sanglots ,
　　Mal à propos ,
Ont éteint l'existence ,
　　Redevenaient
　　Ce qu'ils étaient ,

Dieu sait , je pense ,
Comme ils s'en donneraient !
Quand on est mort , etc.

Pressés d'éclore ,
Que nos désirs ,
Que nos plaisirs
Naissent avec l'aurore :
Quand Phébus dort
Notre réduit ,
Chantons encore ,
Chantons quand vient la nuit.
Des joyeux sons
De nos chansons
Etourdissons
La ville et la campagne ,
Et que moussant ,
A notre accent ,
La gai Champagne
Répète en jaillissant :
Quand on est mort , etc.

Jamais de gêne ,
Jamais de soin.
Est-il besoin
De prendre tant de peine
Pour que la haine ,

2**

Lançant ses traits ,
Tout-à-coup vienne
Détruire nos succès ?
 Qu'un jour mon nom ,
 De son renom ,
 Remplisse ou non
Le temple de mémoire ;
 J'ai la gaité ,
 J'ai la santé
 Qui vaut la gloire
De l'immortalité.
 Quand on est mort , etc.

 Est-il monarque
 Dont les bienfaits ,
 Dont les hauts-faits
Aient désarmé le parquet ?
 Le souci marque
 Leur moindre jour ,
 Et puis la barque
Les emporte à leur tour.
 Je n'ai pas d'or ,
 Mais un trésor
 Plus cher encore
Me console et m'énivre ;
 J'aime , je bois ,
 Je plais parfois :

Qui sait bien vivre
Est au-dessus des rois.
    Quand on est mort, etc.

    Au lit, à table,
    Aimons, rions,
    Puis envoyons
Les affaires au diable.
    Juge implacable,
    Sot chicaneur,
    Juif intraitable
Respectez mon bonheur.
    Je suis, ma foi,
    De mince aloi ;
    Epargnez-moi
Votre griffe funeste.
    Sans vous, hélas !
    N'aurais-je pas
    Du temps de reste
Pour me damner là-bas ?
    Quand on est mort, etc.

    Quand le tonnerre
    Vient en éclas,
    De son fracas,
Epouvanter la terre.
    De sa colère,
    Qu'alors pour nous,

Le choc du verre
Amortisse les coups.
    Bouchons, volez :
    Flacons, coulez :
    Buveurs, sablez :
Un Dieu sert les ivrognes.
        Au sein de l'air
        Que notre œil fier,
        Nos rouges trognes
Fassent pâlir l'éclair.
        Quand on est mort, etc.

        De la guinguette
        Jusqu'au boudoir,
        Matin et soir,
Circulons en goguette.
        Guerre aux grisettes,
        Guerre aux jaloux ;
        Guerre aux coquettes,
Surtout guerre aux époux !
        Sur vingt tendrons,
        Bien frais, bien ronds,
        En francs lurons,
Faisons rafle à tout heure ;
        Puisque aussi bien,
        Sage ou vaurien,
        Il faut qu'on meurt,
Ne nous refusons rien.
        Quand on est mort, etc.

~~~~~~

RONDE BACHIQUE.

Loin d'ici, sœurs du Permesse,
Chétives buveuses d'eau,
Cachez-vous avec vitesse
Dans le plus profond ruisseau :
Bacchus m'échauffe et m'inspire,
Il ranime tous mes sens,
C'est lui qui monte ma lyre,
Ecoutez ses fiers accens :
Remplis ton verre vide,
Vide ton verre plein,
Ne laisse jamais dans ta main
Ton verre ni plein ni vide ;
Ne laisse jamais dans ta main
Ton verre ni vide ni plein.

Nargue de la gente savante,
Qui, du monument sans fin,
Depuis mille ans se tourmente
Sans aucuns succès certain :
Avec une aisance extrême,
Assis dans un cabaret,
Je résous ce grand problème,
Voilà quel est mon secret :
Remplis ton verre vide, etc.

Si le ciel dans sa colère
Te fit le funeste don,
D'une femme atrabilaire
Bouleversant toute la maison ;
Laisse-là cette mégère,
Ce lutin, ce vrai démon.
Vite, accours, à pas célère
Dans le plus prochain bouchon :
Remplis ton verre vide, etc.

Si les voûtes azurées
S'écroulaient avec fracas,
Si les zônes embrâsées
Vomissaient mille trépas ;
La trogne toujours vermeille,
Et le front calme et serin ;
En main tenant ma bouteille,
Je dirais à mon voisin :
Remplis ton verre vide, etc.

LES ENFANS DE LA FRANCE.

Air : *De la colonne.*

Reine du monde, ô France ô ma patrie
Soulève enfin ton front cicatrisé,

Sans qu'à tes yeux leur gloire en soit flétrie,
De tes enfans l'Étendart s'est brisé (bis.)
Quand la fortune outrageait leur vaillance,
Quand de tes mains tombait ton sceptre d'or
Tes ennemis disaient encor :
Honneur aux enfans de la France (bis).

De tes grandeurs tu sus te faire absoudre
France , et ton nom triomphe des revers.
Tu peux tomber, mais c'est comme la foudre,
Qui se relève et gronde au haut des airs.
Le Rhin , aux bords ravis à ta puissance ,
Porte à regret le tribut de ses eaux ,
Il crie au fond de ses roseaux :
Honneur aux enfans de la France.

Pour effacer des coursiers du barbare
Les pas empreints dans tes champs profanés,
Jamais le ciel te fut-il moins avare ?
D'épis nombreux vois ces champs couronnés.
D'un vol fameux prompt à venger l'offense
Vois les beaux-arts , consoler leurs autels
Et y graver entre les immortels :
Honneur aux enfans de la France.

Prête l'oreille aux accens de l'histoire ,
Quel peuple ancien devant toi a tremblé ,

Quel nouveau peuple, envieux de ta gloire,
Ne fut cent fois de ta gloire accablé ;
En vain l'Anglais a mis dans la balance
L'or que pour vaincre ont mendié les rois ,
Des siècles entends-tu la voix ?
Honneur aux enfans de la France.

Dieu qui punit le tyran , l'esclave,
Veut te voir libre,et libre pour toujours ,
Que tes plaisirs ne soient plus une entrave ,
La liberté doit souscrire aux amours.
Prends son flambeau, laisse dormir sa lance,
Instruis le monde et cent peuples divers
Tes ennemis chanteront en brisant leurs fers:
Honneur aux enfans de la France.

Relève-toi , France reine du monde ;
Tu vas cueillir tes lauriers les plus beaux.
Oui, d'âge en âge , une palme féconde
Doit de tes fils protéger les tombeaux ,
Que près du mien , telle est mon espérance ,
Pour la patrie admirant mon amour
Le voyageur répète un jour :
Honneur aux enfans de la France.

LE FILS D'UN SOLDAT.

Air : *Du champ d'asile.*

Je naquis entouré de grands :
Au bruit des foudres de la guerre.
Je fus salué dans les rangs
Des vieux compagnons de mon père.
Tous ces braves me chérissaient ;
L'armée célébra ma naissance.
Peuples, soldats applaudissaient,
En répétant : Vive la France !

Mon berceau couvert de lauriers
Qu'avait moissonnés la victoire,
Etait entouré de guerriers
Qui m'offraient un tribut de gloire.
Sous le chaume, dans le palais,
On fit mainte réjouissance ;
Princes, roturiers et laquais,
Répétaient tous : Vive la France !

Tout, lorsque je reçus le jour,
Semblait devoir m'être propice ;
J'eus des chambellans, une cour,
Et la victoire pour nourrice.

3

Au bruit du tambour je dormais :
J'étais bercé par l'espérance ;
Innocemment je souriais
Quand on criait : Vive la France !

Je dois la vie à ce soldat
Que tous les rois traitaient de frère :
Il fut le sauveur de l'état,
Et le défenseur et le père.
Les grands devant lui s'inclinaient
Et recherchaient son alliance ;
Ses rivaux même l'admiraient
En répétant : Vive la France :

Il sut vaincre, il sut conquérir
Dans plus d'une partie du monde ;
Et pour les siècles à venir,
De ses hauts faits l'histoire abonde.
Vainqueur, il accordait la paix ;
On abusait de sa clémence ;
Il se vengeait par des bienfaits
En répétant : Vive la France !

L'univers entier proclamait
Et ses talens et son courage :
La fortune lui souriait
Il ne la croyait pas volage.

Le Russe , le Germain , l'Anglais
Furent témoins de sa vaillance ;
Tout bas combattant le Français,
Ils répétaient : Vive la France !

Plein d'une noble ambition ,
Il mérita toutes les gloires ;
L'Europe en mainte occasion
Fut effrayée de ses victoires.
Pour mettre un terme à ses succès ,
La soi-disant Sainte-Alliance
Fut résolue dans un congrès,
Quand nous disions : Vive la France !

Il crut l'orage passager ,
Bientôt il gronda sur sa tête ;
On le vit ; au jour du danger,
Tourner le front vers la tempête.
Ceux qu'il accabla de bienfaits
Proclamèrent sa déchéance ;
Et lui, oubliant leurs méfaits ,
Disait encore : Vive la France !

Aux yeux de l'immense univers ,
Il parut comme un météore :
Sur un rocher, au sein des mers ,
Il semblait commander encore.

3*

Son grand cœur ne connut jamais
L'affreux plaisir de la vengeance ;
Il véeut, il mourut Français,
En répétant : Vive la France !

~~~~~~

LE SOLDAT LABOUREUR.

Air : *Des Maris ont tort.*

Je partis simple militaire,
Car la gloire enflammait mon cœur :
Bientôt je fus dans une affaire
Décoré de la croix d'honneur (bis).
Croyez-moi, la seule vaillance
Des soldats fit des généraux ;
Et plus d'un maréchal de France
Est parti le sac sur le dos (bis).

Moi j'avais dix-neuf ans à peine
Lorsqu'on me fit sous-lieutenant ;
A trente ans je fus capitaine,
Je suis colonel maintenant.
Croyez-moi , etc.

Que de braves à leur courage
Doivent leurs titres et leurs rangs ;

Et quoique nés dans un village ;
Se sont illustrés dans les camps.
Croyez-moi, la seule vaillance
Des soldats fit des généraux ;
Et plus d'un maréchal de France
Est parti le sac sur le dos.

LA COLONNE.

Air connu.

Salut ! monument gigantesque
De la valeur et des beaux arts ;
D'une teinte chevaleresque
Toi seul colores nos remparts.
De quelle gloire t'environne
Le tableau de tànt de hauts faits !
Ah ! qu'on est fier d'étre Français
Quand on regarde la colonne !

Anglais, fiers du jour de victoire,
Par vingt rois conquis bravement ;
Tu prétends, pour tromper l'histoire,
Imiter ce beau monument.
Souviens-toi donc, race bretonne,
Qu'en dépit de tes factions,
Du bronze de vingt nations
Nous avons formé la colonne.

Et vous, qui domptez les orages,
Guerriers, vous pouvez désormais
Du sort mépriser les outrages :
Les héros ne meurent jamais.
Vos noms, si le tems vous moissonne,
Iront à la postérité ;
Vos brevets d'immortalité
Sont burinés sur la colonne.

Pourquoi sur l'ombre fugitive
Se soustraire au pouvoir royal ?
Pour moi, comme la sensitive,
Je mourrai sur le sol natal.
Ah ! si la France un jour m'ordonne
De chercher au loin le bonheur,
J'irai mourir au champ d'honneur
Ou bien au pied de la colonne.

JOCONDE.

J'ai longtems parcouru le monde
Où, l'on m'a vu de toutes parts,
Courtisant la brune et la blonde,
Aimer, soupirer au hazard,
Sémillant avec les Françaises,
Romanesque avec les Anglaises :

En tous lieux où j'ai voyagé,
Selon les pays j'ai changé.
Partout, partout où j'ai voyagé,
Selon les pays, j'ai changé.

Sans me piquer d'être fidèle,
Je courais d'amour en amour,
Je n'aimais jamais qu'une belle;
Oui, mais je ne l'aimais qu'un jour,
Sémillant, etc.

Du papillon parfait modèle,
Comme lui j'aime à voltiger;
Je fuis un amour éternel :
Mon seul bonheur est de changer.
Sémillant, etc.

En suivant la trace chérie
D'un sexe fait pour être aimé,
En Allemagne, en Italie,
J'ai su plaire, j'ai su charmer.
Sémillant, etc.

LA VIVANDIÈRE.

Air : *Demain matin au point du jour,*
on bat la générale.

Vivandière du régiment,
    C'est Catin qu'on me nomme
Je vends, je donne, et bois gaiment
    Mon vin et mon rogome.
J'ai le pied leste et l'œil mutin,
Tintin, tintin, tintin, r'lin tintin :
    J'ai le pied leste et l'œil mutin,
    Soldats, voilà Catin.

Je fus chère à tous nos héros ;
    Hélas ! combien j'en pleure,
Aussi soldats et généraux
    Me comblaient à toute heure,
D'amour, de gloire et de butin ;
Tintin, tintin, tintin, r'lin tintin :
    D'amour, de gloire et de butin,
    Soldats, voilà Catin.

J'ai pris part à tous vos exploits,
    En vous versant à boire.

Songez combien j'ai fait de fois
    Rafraîchir la victoire ;
Ça grosissait son bulletin,
Tintin, tintin, tintin, r'lin tintin ;
Ça grossissait son bulletin ;
    Soldats, voilà Catin.

Depuis les Alpes je vous sers :
    Je me mis jeune en route ;
A quatorze ans, dans les déserts,
    Je vous portais la goutte.
Puis, j'entrai dans Vienne un matin ;
Tintin, tintin, tintin, r'lin tintin;
Puis j'entrai dans Vienne un matin :
    Soldats, voilà Catin.

De mon commerce et des amours
    C'était le tems prospère,
A Rome je passai huit jours,
    Et de notre Saint-Père
Je débauchai le sacristain,
Tintin, tintin, tintin, r'lin tintin :
Je débauchai le sacristain ;
    Soldats, voilà Catin.

J'ai fait plus que maint duc et pair.
    Pour mon pays que j'aime.

A Madrid si j'ai vendu cher,
  Et cher à Moscou même :
J'ai donné gratis à Pantin ;
Tintin, tintin, tintin, r'lin tintin.
 J'ai donné gratis à Pantin ;
  Soldats, voilà Catin.

 Quand au nombre il fallut céder
  La victoire infidèle ,
 Que n'avais-je pour guider
  Ce qu'avait la Pucelle !
 L'anglais aurait fui sans butin ;
Tintin, tintin, tintin, r'lin tintin :
 L'anglais aurait fui sans butin ;
  Soldats, voilà Catin.

 Si je vois de nos vieux guerriers
  Pâlis par la souffrance ,
 Qui n'ont plus, malgré leurs lauriers ,
  De quoi boire à la France.
 Je refleuris encore leur teint ;
Tintin, tintin, tintin, r'l'in tintin :
 Je refleuris encore leur teint ;
  Soldats, voilà Catin.

Mais nos ennemis , gorgés d'or,
 Paieront encore à boire.

Oui , pour vous doit briller encor
Le jour de la victoire.
J'en serai le réveil matin ;
Tintin , tintin , tintin , r'lin tintin :
J'en serai le réveil matin ;
Soldats , voilà Catin.

~~~~~~~~~~~~~~~~~~~~~~~~~~~~~~~~~

LA DESCENTE AUX ENFERS.

AIR: *Boira qui voudra, larirette; paira qui*
poura larira.

Sur la foi de votre bonne ,
Vous qui craignez Lucifer ,
Approchez , que je vous donne
Des nouvelles de l'enfer.
Tant qu'on le pourra, larirette ,
On se damnera, larira.
Tant qu'on le pourra,
L'on trinquera ,
Chantera
Aimera
La fillette.
Tant qu'on le pourra, larirette ,
On se damnera larira.

Sachez que la nuit dernière,
Sur un vieux balai rôti,
Avec certaine sorcière
Pour l'enfer je suis parti.
Tant qu'on le pourra larirette,
On se damnera, larira, etc.

Ma sorcière est jeune et belle,
Et dans ces lieux inconnus,
Diablotins, par ribanbelle,
Viennent baiser ses pieds nuds,
Tant qu'on le pourra larirette,
On se damnera larira, etc.

Quoi qu'en dise maints bélitres,
En entrant nous remarquons
Un amas d'écailles d'huitres,
Et des débris de flacons,
Tant qu'on le pourra larirette,
On se damnera larira, etc.

Là ni chaudières, ni flammes
Et si grands que soient leurs sorts,
Aux enfers, nos pauvres âmes
Reprennent un peu de corps.
Tant qu'on le pourra larirette,
On se damnera larira, etc.

Chez lui-le diable est bonhomme ;
Aussi voyons-nous d'abord
Ixion faisant un somme
Près , de Tantale-ivre-mort.
Tant qu'on le pourra larirette ;
On se damnera larira , etc.

Rien n'est moins épouvantable
Que l'aspect de ce démon ;
Sa majesté tenait table
Entre Epicure et Ninon.
Tant qu'on le pourra larirette ;
On se damnera larira , etc.

Ses arrêts les plus sévères
Qu'en mourant nous redoutons ;
Sont rendus au bruit des verres ;
Et de huit cents mirlitons.
Tant qu'on le pourra larirette ;
On se damnera larira , etc.

Aux buveurs à rouge trogne
Il dit : trinquons à grands coups !
Vous n'aimez pas le Bourgogne ;
De Champagne énivrez-vous ,
Tant qu'on le pourra , larirette ,
On se damnera larira , etc.

4

A la prude qui se gêne
Pour lorgner un jouvenceau,
Il dit avec Diogène :
Fais l'amour dans un tonneau.
Tant qu'on le pourra , larirette ,
On se damnera larira , etc.

Gens dont nous fuyons les traces ,
Il vous dit : plus retenus ,
Laissez Cupidon aux grâces ,
Contentez-vous de Vénus.
Tant qu'on le pourra , larirette ,
On se damnera larira , etc.

Il dit encore bien des choses
Qui charment les assistans ;
Puis , à Ninon , sur des roses ,
Il ôte au moins soixante ans.
Tant qu'on le pourra , larirette ,
On se damnera larira , etc.

Alors ma sorcière éprouve
Un désir qui l'embellit ,
Et soudain je me retrouve
Dans ses bras et sur mon lit.
Tant qu'on le pourra , larirette ,
On se damnera larira , etc.

Si d'après ce qu'on rapporte,
On baîlle au céleste lieu,
Que le diable nous emporte,
Et nous rendrons grâces à Dieu.
Tant qu'on le pourra, larirette,
On se damnera larira, etc.

PLUS ON EST DE FOUS

PLUS ON RIT.

Des frélons bravant la piqûre,
Que j'aime à voir, dans ce séjour,
Le joyeux troupeau d'Epicure,
Se recruter de jour en jour.
Francs buveurs, que Bacchus attire,
Dans ces retraites qu'il chérit,
Avec nous venez boire et rire:
Plus on est de fous, plus on rit.

Ma règle est plus douce et plus prompte,
Que les calculs de nos savans ;
C'est le verre en main que je compte
Mes vrais amis les bons vivans :

4*

Plus je bois , plus le nombre augmente ,
Et quand ma coupe se tarit,
Au lieu de quinze j'en bois trente :
Plus on est de fous , plus on rit.

  Francs buveurs , etc.

Si j'avais une salle pleine
Des vins choisis que nous sablons ,
Et grande au moins comme la plaine
De Saint-Denis ou des sablons ,
Mon pinceau trempé dans la lie ,
Sur tous les murs aurait écrit :
Entrez , enfans de la folie ,
Plus on est de fous , plus on rit.

  Francs buveurs , etc.

Entrez , soutiens de la sagesse ,
Apôtres de l'humanité ;
Entrez , amis de la richesse ,
Entrez , amans de la beauté ;
Entrez , fillettes dégourdies ,
Vieilles qui visez à l'esprit ;
Entrez , auteurs de tragédies :
Plus on est de fous , plus on rit.

  Francs buveurs , etc.

Puisqu'enfin la vie a des bornes,
Aux enfers un jour nous irons,
Et, malgré le diable et ses cornes,
Aux enfers un jour nous rirons.
L'heureux espoir, que vous en semble?
Or, voici ce qui le nourrit :
Nous serons là—bas tous ensemble :
Plus on est de fous, plus on rit.

Francs buveurs, etc.

LA DOUBLE CHASSE.

Air : *Tonton, tontaine, tonton.*

Allons, chasseur, vite en campagne,
Du cor n'entends—tu pas le son !
Tonton, tonton, tontaine, tonton.
Pars, et qu'auprès de ta compagne
L'amour chasse dans ta maison.
Tonton, tontaine, tonton.

Avec nombreuse compagnie,
Chasseur, tu parcours le canton.
Tonton, tonton, tontaine, tonton.
Auprès de ta femme jolie,
Combien de braconniers voit—on ?
Tonton, tontaine, tonton.

4**

Du cerf prêt à forcer l'enceinte
Chasseur , tu fais le fanfaron.
Tonton , tonton , tontaine , tonton.
Auprès de ta femme , sans crainte
Se glisse un chasseur franc luron.
Tonton , tontaine , tonton.

Chasseur , par ta meute surprise
La bête pleure ; on lui répond :
Tonton , tonton , tontaine , tonton.
La femme , aux abois déjà mise ,
Sourit aux efforts du fripon,
Tonton , tontaine , tonton.

Chasseur , un seul coup de ton arme
Met bas le cerf sur le gazon.
Tonton , tonton , tontaine , tonton.
L'amant pour ta moitié qu'il charme ,
Use de la poudre à foison.
Tonton , tontaine , tonton.

Chasseur , tu rapportes la bête ,
Et de ton cor enfles le son.
Tonton , tonton , tontaine , tonton.
L'amant quitte alors sa conquête ,
Et le cerf entre à la maison.
Tonton , tontaine , tonton.

JE NE VOUS HAIS PAS.

Air : *Taisez-vous , je ne vous crois pas.*

Vous voulez que je dise j'aime ,
Le demander est indiscret
Je voudrais pouvoir à moi-même ,
Cacher ce pénible secret ,
Je ne l'avourai qu'à regret.
Près de vous mon âme est paisible ,
Je n'éprouve aucun embarras ;
A vos feux je suis insensible
Et pourtant ? (bis) je ne vous hais pas ,
Non , non , non , non , je ne vous hais pas.

Oui je veux bien croire à la flamme
Dont vous dites brûler pour moi ;
Mais tour-à-tour à chaque femme ,
On vous voit offrir votre foi ,
Jurer de vivre sous sa loi.
A l'amour vous êtes fidèle ;
Mais jamais aux mêmes appas

Et bien rarement une belle
Sait vous enchainer à ses pas ,
Et pourtant , cte.

Pourquoi recevrais-je un hommage ,
Que d'autres peuvent réclamer.
Mon faible cœur n'est pas volage,
Et si vous saviez le charmer,
Toujours il voudrait vous aimer.
Portez à des beautés faciles
Et vos soupirs et vos hèlas ,
A vos vœux les voyant dociles ,
Je m'en applaudirai tout bas.
Et pourtant , etc.

De l'avenir qui peut répondre ,
Peut-être vous pourrez changer,
Peut-être vous saurez confondre
Celles qui veulent se venger,
De vous avoir vu voltiger.
Alors ? si près de votre belle ,
Du changement vous êtes las,
Si pour preuve de votre zèle ,
Vous mettez vos aîles à bas ;
Espérez, (bis) je ne vous hais pas.
Non , non , non , non , je ne vous hais pas.

LES SOUVENIRS DU PAYS.

Air nouveau.

Loin des chalets qui m'ont vu naître
Dans les cités portant mes pas,
Mon cœur séduit voulut connaître
D'autres peuples et d'autres climats.
O mon pays, de tes belles campagnes
Je garde encore de touchans souvenirs;
Et loin de toi ce refrain des montagnes
Me fait toujours palpiter de plaisir.
La, la, la, (plusieurs fois);
Ce refrain dont je garde de touchans souvenirs
Me fait toujours palpiter de plaisir.

Quand reverrai-je la colline
Où l'on respire un air si frais,
Et le château qui la domine,
Et ses jardins et ses forêts.
O mon pays, etc.

Que je regrette au sein des villes
La douce paix de nos hameaux;

Nos cieux d'azur, nos lacs tranquilles,
Nos jours de fête et nos travaux.
     O mon pays, de tes belles campagnes
Je garde encore de touchans souvenirs ;
Et loin de toi ce refrain des montagnes
Me fait toujours palpiter de plaisir.
     La , la, la (plusieurs fois) ;
Ce refrain dont je garde de touchans souvenirs
Me fait toujours palpiter de plaisir.

~~~~~~~~~~~~~~~~~~~~~~~~~~~~~~~~~~~~~~~

LA PETITE MAITRESSE.

Air *Du Petit Matelot,*

Je n'aime pas qu'on me répète
La même chose chaque jour ;
Le mot d'amour me rompt la tête,
On ne me parle que d'amour.
Toujours : aimez-moi, je vous aime !
Ah , cruelle , vous n'aimez rien !
C'est une erreur, je vais moi-même
Vous dire ce que j'aime bien.

J'aime à dormir après l'aurore ,
J'aime à coucher sur le duvet ;

Au sortir du lit, j'aime encore
A trouver mon déjeûner prêt.
Dans ce qui tient de la toilette
J'aime beaucoup la nouveauté ;
Mais quoiqu'on me trouve coquette,
J'aime à ménager ma santé.

J'aime à contempler la nature,
J'aime le retour du printems ;
J'aime les fleurs et la verdure,
J'aime à courir par le bon tems.
J'aime la bonne compagnie ,
J'aime quelques joyeux couplets ;
J'aime à sortir quand je m'ennuie,
J'aime à rester où je me plais.

J'aime aussi la fraîcheur des roses ,
Mais sur mon visage surtout ;
J'aime encore beaucoup d'autres choses
Qui flattent mon cœur et mon goût.
Me dire que je suis cruelle ;
C'est n'avoir pas le sens commun ;
J'aimerais un amant fidèle ,
Si l'on pouvait en trouver un.

~~~~~~

LA DÉVOTE.

Air : *Tout consiste dans la maniére.*

Les combats de la jeune Hortense
Ont quelque chose d'amusant ;
Vous la voyez dans la défense,
Accorder tout en refusant ;
Sage, folle, cruelle et douce
    En un moment,
La dévote attire et repousse
    Son amant.

J'aime ses tendres négatives :
Elles m'ont toujours réjoui :
Ce sont autant d'affirmatives :
Un non dans sa bouche est un oui.
    Sage, folle, etc.

C'est la pudeur qui la tracasse,
Mais l'amour la rend au désir ;
Elle s'indigne de l'audace,
Et l'audace lui fait plaisir.
    Sage, folle, etc.

Lui faites-vous voir quelque chose ;
Elle détourne le regard ,
Pleure de dépit ; puis elle ose
Rire avec vous de cet écart.
    Sage , folle , etc.

Enfin après s'être rendue ;
Elle me dit avec fureur :
Monstre ! c'est toi qui m'as perdue ;
Mon ami tu fais mon bonheur.
    Sage , folle , etc.

Son directeur , Monsieur Bridoye ,
Tous les ans trouble ses amours ;
Pâques vient et suspend ma joie ,
Mais c'est l'affaire de huit jours.
    Sage , folle, etc.

LES HOMMES D'A-PRÉSENT.

Air : *Rien de vrai, beaucoup de clinquant.*

L'écart est le moyen de plaire
Dans ce siècle colifichet ;
La raison semble roturière ,
Et devant le faste se tait.

Un leste et brillant équipage,
D'un sot fait un grand personnage.
Rien de vrai, beaucoup de clinquant,
Voilà les hommes d'à-présent.

Le petit marchand, le dimanche,
En cabriolet se fait voir ;
A rendre la peau fine et blanche
Le médecin met son savoir ;
Le vieillard donne à des grisettes,
Et l'homme à talens fait des dettes.
    Rien de vrai, etc.

Le joli robin, en épée,
Siffle la petite chanson ;
L'abbé, droit comme une poupée,
Chante à son tour sur plus d'un ton.
Tous deux s'annoncent sans mystère
Pour les vrais héros de Cythère.
    Rien de vrai, etc.

L'avocat n'est plus qu'une pie ;
L'homme de cœur promet beaucoup ;
Sans cesse le savant copie ;
Le journaliste écrit sur tout ;
Par le crédit brille un notaire,
Un juge par son secrétaire.
    Rien de vrai, etc.

LE COUCOU.

Air : *Oui, noir, mais pas si diable.*

Non point de mariage ;
Je ne suis pas si fou ;
Le lien du ménage
Toujours fut un licou,
Primo l'on s'aime bien,
Puis on ne sent plus rien ;
On parle un faux langage ;
Bientôt on est volage.
Non, point de mariage ;
Je ne suis pas si fou ; coucou ;   *bis.*

Vouloir femme constante
Est fort mal entendu :
Au monde rien ne tente
Plus que fruit défendu.
Le plaisir n'est piquant
Qu'autant qu'on le défend :
L'hymen veut qu'on soit sage,
Et l'amour est volage.
Non, point, etc.

5*

La femme avec adresse
Vous trompe à chaque instant
Elle ne vous caresse
Que pour cacher l'amant ;
L'ami de son mari
Devient le sien aussi.
Aux devoirs de ménage
Elle a double avantage.
   Non point, etc.

Femme jeune et frivole
Vous ruine en peu de tems ;
La vieille est une folle
Grondant époux et gens ,
Disant qu'en sa maison
Elle seule a raison ;
Avec grand étalage
Regrettant son jeune âge.
   Non , point , etc.

Une femme jolie
Attire mille amans ;
Une laide furie
En trouve avec le tems ;
Ou c'est son directeur,
Ou bien c'est son coëffeur ;
Enfin à chaque étage
Loge le cocuage.
   Non, point, etc.

La femme est-elle sage ?
C'est bien un autre train !
Un éternel tapage
On a soir et matin.
Fière de sa vertu,
Elle a l'esprit têtu ;
Et dans son bavardage,
Reproche qu'elle est sage.
   Non, point, etc.

Si femme on vous propose,
Retenez ma chanson,
Car la meilleure chose
Est de rester garçon.
Sachez que la gaîté
Naît de la liberté.
Un peu de braconnage,
Mais jamais d'esclavage.
   Non, point, etc.

RÉPONSE DES MARIS.

Notre ami fait le brave,
Et se rit des maris :
Nous le verrons esclave ;
Un jour il sera pris,

5**

Malgré son ton plaisant,
Dans le grand régiment.
Certain bois sans feuillage
Ornera son visage
Après son mariage.
Alors nous dirons tous, coucou ;   *bis.*
C'est le sort d'un époux.

~~~~~~

LES JEUNES GENS DU SIÈCLE.

VAUDEVILLE.

AIR : *Avec les jeux, dans le village.*

Beautés qui fuyez la licence
Évitez tous nos jeunes gens ;
L'amour a déserté la France
A l'aspect de ces grands enfans.
Ils ont, par leur ton, leur langage,
Effarouché la volupté,
Et gardé, pour tout apanage,
L'ignorance et la nullité.

Malgré leur tournure fragile,
A courir ils passent leur tems ;

Ils sont importans à la ville,
A la cour ils sont importuns.
Dans le monde en rois ils décident,
Au spectacle ils ont l'air méchant.
Partout la sottise les guide,
Partout le mépris les attend,

Pour eux les soins sont des vétilles,
Et l'esprit n'est qu'un lourd bon sens;
Ils sont gauches auprès des filles,
Auprès des femmes indécens :
Leur jargon ne pouvant s'entendre,
Si leur jeunesse peut tenter,
Ceux que le besoin a fait prendre,
L'ennui bientôt les fait quitter.

Sur leurs airs et sur leur figure
Presque tous fondent espoir;
Ils font entrer dans leur parure
Tout le goût qu'ils pensent avoir.
Dans le cercle de quelques belles
Ils vont s'établir en vainqueurs;
Mais ils ont toujours auprès d'elles
Plus d'aisance que de faveurs.

De toutes leurs bonnes fortunes
Ils ne se prévalent jamais;

Leus maitresses sont si communes ,
Que la honte les rend discrets.
Ils préfèrent, dans leur ivresse ,
La débauche aux plus doux plaisirs ;
Ils goûtent, sans délicatesse ,
Des jouissances sans désirs.

Puissent la volupté, les grâces ,
- Les expulser loin de leur cour,
Et favoriser en leurs places ,
La gaîté, l'esprit et l'amour !
Les déserteurs de la tendresse
Doivent-ils goûter ses douceurs ?
Quand ils dégradent la jeunesse ,
En doivent-ils cueillir les fleurs ?

LE PAYSAN ET SON SEIGNEUR.

Air : *Femmes, voulez-vous éprouver.*

Thomas , j'ai quitté mon château
Pour voir ton heureuse famille.
Pour moi quel spectacle nouveau !
Partout ici la gaîté brille.
— L'honneur d'la médiocrité
Vous cause une surprise extrême ;
Mais si chez nous est la gaîté,
C'est que je l'y porte moi-même.

Thomas, en voyant ton jardin
Couvert de fleurs et de verdure,
Je crois voir un soufffe divin
Animer la belle nature ;
Lorsque je le compare au mien ,
Rapportant moins que l'on n'y sème.
— Monsieur quand on a du bien ,
Il faut le cultiver soi-même.

La grâce et l'amabilité
Embellissent cette bergère.
— Monseigneur , sa vivacité
Vous dit que c'est ma ménagère.
— De son teint le vif incarnat ,
Du lis , de la rose est l'emblème.
— Monseigneur s'il a tant d'éclat ,
C'est que je l'embrasse moi-même.

Quels sont donc ces marmots joyeux ,
Jouant sur la verte prairie ?
— Ce sont des enfans que les cieux
M'ont donnés pour charmer ma vie.
— Des roturiers si bien portans ,
Quand mon fils noble est maigre et blême !
— Dam ! pour avoir de beaux enfans ,
Monseigneur , on les fait soi-même.

~~~~~~~~~~~~~~~~~~~~~~~~~~~~~~~~~~~~~

LE PORTRAIT DE MON AMIE.

Air *connu.*

Portrait charmant, portrait de mon amie,
Gage d'amour, par l'amour obtenu ;
Ah ! viens m'offrir le bien que j'ai perdu,
Te voir encore me rappeler à la vie.

Oui, les voilà, ces traits, ces traits que j'aime,
Son doux regard, son maintien, sa candeur ;
Lorsque ma main te presse sur mon cœur,
Je crois encore y presser elle-même.

Non, tu n'as pas pour moi les mêmes charmes,
Muet témoin de mes tendres soupirs ;
En retraçant nos fugitifs plaisirs,
Cruel portrait, tu fais couler mes larmes.

Pardonne-moi mon injuste langage,
Pardonne aux cris de ma vive douleur,
Portrait charmant, tu n'es pas le bonheur,
Mais bien souvent tu m'en offres l'image.

~~~~~~

LE FRANÇAIS

QUITTANT SA CHAUMIÈRE.

AIR : *Je ne sais pas ce que je veux.*

Le soleil n'éclairait encore
Que les cimes de nos coteaux ;
Quand l'airain bruyant et sonore
Fit un jour trembler nos vitraux.
Bientôt sous des flots de poussière
Parût l'attirail des combats ,
Et je vis, quittant sa chaumière ,
Le Français voler au trépas.

Je vis recouvert de ses armes ,
Après les plus nobles travaux ,
Le soldat, les yeux pleins de larmes ,
A l'aspect d'étrangers drapeaux ;
Vers le ciel tournant la paupière ,
Il lui disait : Guide mon bras !
Et je vis , quittant sa chaumière ,
Le Français voler au trépas.

Je vis tomber de nos murailles
L'aigle qui fit trembler les rois ;
Et je vis après cent batailles,
L'étranger nous dicter des lois ;
Je vis rangé sous sa bannière
Le plus célèbre des ingrats :
Et je vis, quittant sa chaumière,
Le Français voler au trépas.

Je vis, après vingt ans de gloire,
Et les plus étonnans succès,
Exiler aux bords de la Loire
L'élite des héros français ;
Je vis la jeune pépinière
Mourir comme de vieux soldats ;
Et je vis, quittant sa chaumière,
Le Français voler au trépas.

Malgré nos savantes manœuvres,
Je vis périr nos vétérans ;
Je vis emporter nos chefs-d'œuvres,
Et mutiler nos monuments ;
Je vis la France toujours fière,
Accablée, mais ne tremblant pas ;
Et je vis, quittant sa chaumière,
Le Français voler au trépas.

Je vis, pour sortir d'infortune,
Du sein de la captivité,
Fonder chez nous une tribune,
Et proclamer la liberté.
Je vis indiquer la frontière
A plus d'un million de soldats ;
Je vis, au sein de sa chaumière,
Le Français braver le trépas.

LA CHANSON DES RUES,

PONT NEUF.

UN CHANTEUR ET UNE CHANTEUSE.

LA CHANTEUSE.

Chansons nouvelles ; à deux liards, à deux
liards.

LE CHANTEUR.

Air : *Tirlitaine.*

Achetez tous ma chanson ;
Ça, ça, ça, que l'on m'étrenne.

6

LA CHANTEUSE.

Fille et femme, homme et garçon ;
Il faut que chacun l'apprenne,
Et que l'on chante partout...

TOUS DEUX.

Tirli, tirli, tirlitaine.

LA CHANTEUSE.

Et que l'on chante partout...

TOUS DEUX.

Tirli, tirli, tirlitout.

LA CHANTEUSE.

Par ce refrain l'usurier
Met à sec le capitaine ;
C'est par lui qu'un bon greffier
Du client tire une aubaine ;
Tous chantent du même goût,
Tirli, etc.

LE CHANTEUR.

Ce beau refrain dans Bordeaux
Se chante à perte d'haleine ;

Il régne au pays de Caux ;
On s'en sert dans le Maine :
On chante même en Poitou
Tirli , etc.

LA CHANTEUSE.

Le refrain qu'ailleurs on prend
C'est mirliton, mirlitaine ;
Plusieurs se servent souvent
De ton , ton , taratontaine :
Une actrice aime surtout
Tirli , etc.

LE CHANTEUR.

Vous allez dans ce tableau
Voir une preuve certaine
Comme ce refrain nouveau
Plaît, dans quelque état qu'on prenne,
Et qu'on fait servir à tout ,
Tirli , etc.

LA CHANTEUSE , *montrant un endroit du tableau avec sa baguette.*

Remarquez ici, messieurs, ce vieux procureur qui dit à son fils :

Si quelque plaideur taquin
Vient à toi la bourse pleine,

6*

Pour consumer son frusquin
Fais des rôles par centaine ;
Gruge jusqu'au dernier sou,
Tirli, etc.

LE CHANTEUR.

De ce côté-là , messieurs , voyez-vous une
vieille tante qui dit à sa nièce :

Si quelque amant décrépit
Te veut épouser, Climène,
Par un bel et bon écrit
Assure-toi son domaine ;
Rançonne ce vieux matou ,
Tirli, etc.

LA CHANTEUSE.

Dans cet endroit, sur la gauche, c'est une
jeune femme baignée de larmes auprès de son
mari qui meurt sans héritiers ; une voisine
rusée dit à cette femme :

Ton époux est moribond ;
Sa dernière heure est prochaine ;
Tâche de te faire un fond
Avant que le scellé vienne ;
Fais en cachette un bon coup ,
Tirli, etc.

LE CHANTEUR.

Remarquez présentement la gouvernante d'un vieux garçon, à qui l'on donne ce conseil :

Par de petits mots flatteurs,
Par une ame très-humaine,
Par des égards séducteurs
Chez lui rends-toi souveraine,
En flattant toujours son goût,
Tirli, etc.

LA CHANTEUSE.

Tout vis-à-vis est une chouette adroite, que tient une dupe ; le joueur se dit tout bas à lui-même : Allons, mon ami, voilà une bonne occasion :

Déniaise ce butor
De façon qu'il s'en souvienne,
Fais vite passer son or
De sa poche dans la tienne ;
A force d'as et d'à-tout,
Tirli, etc.

LE CHANTEUR.

Dans ce carré remarquez un jeune garcon
qu'une vieille cousine instruit par cet avis :

Si dans tes filets un jour
Il tombe quelque doyenne ,
Témoigne-lui de l'amour,
Mais fais-toi payer ta peine ;
Prends argent , montre et bijou ,
Tirli , etc.

LA CHANTEUSE.

Plus bas , sur la droite , c'est un vieux
médecin qui dit à un de ses élèves :

Si quelqu'un a des vapeurs ,
Si le rhume ou la migraine
Lui font sentir des douleurs,
Il faut lui ouvrir la veine ;
Saigne , saigne , jusqu'au bout ,
Tirli , etc.

LE CHANTEUR.

Chansons nouvelles , messieurs , chansons
nouvelles.

LA CHANTEUSE.

Trois pour un sou; deux pour trois liards;
allons, allons.

Un jour un certain nigaud
Près de la Samaritaine
Était à lorgner en haut
Les deux mains sur sa bedaine :
Pendant ce tems un filou...

TOUS DEUX.

Tirli, tirli, tirlitaine.

LA CHANTEUSE.

Pendant çe tems un filou...

TOUS DEUX.

Tirliti, lui tira tout.

SOUVENIRS D'UN VIEUX MILITAIRE.

AIR *connu*.

T'en souviens-tu, disait un capitaine,
Au vétéran qui mendiait son pain ;

Te souviens-tu qu'autrefois dans la plaine,
Tu détournas un sabre de mon sein ?
Sous les drapeaux d'une mère chérie
Tous deux jadis nous avons combattu :
Je m'en souviens, car je te dois la vie ;
Mais toi, soldat, dis-moi, t'en souviens-tu ?

T'en souviens-tu de ces jours trop rapides
Où le Français acquit tant de renom ;
Te souviens-tu que sur les pyramides
Chacun de nous osa graver son nom ?
Malgré les vents, malgré la terre et l'onde,
On vit flotter, après l'avoir vaincu,
Nos étendarts sur le berceau du monde :
Dis-moi, soldat, dis-moi t'en souviens-tu ?

Te souviens-tu que les preux d'Italie
Ont vainement combattu contre nous ;
Te souviens-tu que les preux d'Ibérie
Devant nos chefs ont plié les genoux ;
Te souviens-tu qu'aux champs de l'Allemagne,
Nos bataillons arrivant inpromptu,
En quatre jours ont fait une campagne :
Dis-moi, soldat, dis-moi, t'en souviens-tu ?

Te souviens-tu de ces plaines glacées
Où le Français abordant en vainqueur,

Vit sur son front les neiges amassées
Glacer son corps sans refroidir son cœur ?
Souvent alors, au milieu des alarmes,
Nos pleurs coulaient ; mais notre œil abattu
Brillait encor lorsqu'on volait aux armes :
Dis—moi, soldat, dis—moi, t'en souviens—tu ?

Te souviens—tu qu'un jour notre patrie,
Vivante encor, descendit au cercueil,
Et que l'on vit dans la France flétrie
Des étrangers marcher avec orgueil ?
Grave en ton cœur ce jour pour le maudire,
Et quand Bellone enfin aura paru,
Q'un chef jamais n'ait besoin de te dire :
Dis-moi, soldat, dis—moi, t'en souviens—tu ?

T'en souviens—tu ?... mais ici ma voix tremble,
Car je n'ai plus de noble souvenir ;
Viens-t'en mon vieux nous pleurerons ensemble
En attendant un meilleur avenir.
Mais si la mort, planant sur ma chaumière,
Me rappelait au repos qui m'est dû,
Tu fermeras doucement ma paupière,
En me disant : Soldat, t'en souviens—tu ?

JOUISSONS DU TEMS PRÉSENT.

RONDE DE TABLE.

Nous n'avons qu'un tems à vivre,
Amis, passons-le gaiment :
De tout ce qui peut le suivre
N'ayons jamais aucun tourment.

A quoi sert d'apprendre l'histoire ?
N'est-ce pas la même partout ?
Apprenons seulement à boire ;
Quand on sait bien boire, on sait tout.
　　Nous n'avons, etc.

Qu'un tel soit général d'armée,
Que l'Anglais succombe sous lui ;
Moi, qui suis sans renommée,
Je ne veux vaincre que l'ennui.
　　Nous n'avons, etc.

A courir sur terre et sur l'onde,
On perd trop de tems en chemin ;
Faisons plutôt tourner le monde,
Par l'effet de ce jus divin.
　　Nous n'avons, etc.

Qu'un savant à chercher les planètes ;
Occupe son plus beau loisir ;
Je n'ai pas besoin de lunettes
Pour apercevoir le plaisir.
  Nous n'avons , etc.

Qu'un avide chimiste exhale
Sa fortune en cherchant de l'or,
J'ai ma pierre philosophale
Dans un cœur qui fait mon trésor.
  Nous n'avons , etc.

Au grec, à l'hébreu je renonce ;
Ma maitresse entend le français ;
Sitôt qu'à boire je prononce,
Elle me verse du vin frais.
  Nous n'avons, etc.

~~~~~~~~~~~~~~~~~~~~~~~~~~~~~~~~~

HISTOIRE DE MONSIEUR RÉJOUI,

OU : ON N'EST PAS PLUS HEUREUX QU'ÇA.

AIR : *Dans la paix et l'innocence.*

D'puis trente ans ma destinée
Est exempte d'embarras,

Je n'fais rien de la matinée,
L'rest' du temps je m'crois' les bras ;
J'n'eus jamais d'amour constant,
Mon étoil' m'en dispensa ;
J'ris, j'bois, j'dors, je mange et j'chante :
On n'est pas plus heureux qu'ça.

Suivant la commune règle ,
Lorsqu'on m'mit dans un' pension ,
J'pris tout d'suite , en franc espiègle ,
Les versions en aversion ;
Et je sus si bien m'conduire ,
Qu'mon professeur me chassa
Avant que j'apprisse à lire :
On n'est pas plus heureux qu'ça.

Chargé de mon héritage ,
Un oncle fort obligeant ,
Ayant calculé mon âge ,
Partit avec mon argent ;
Mais j'fus loin de l'prendre en haine ,
Car enfin il me laissa
De quoi vivre... une semaine !
On n'est pas plus heureux qu'ça.

J'tombe amoureux d'une jeunesse ;
Soudain l'mariage s'en suit ,

Et de ma vive tendresse
J'brulais d'obtenir un fruit ;
Mais bientôt d'ma ménagère
L'embonpoint se prononça...
En moins de six mois j'fus père...
On n'est pas plus heureux qu'çà.

Un incendie effroyable
Chez moi vint à se déclarer,
Mais un voisin secourable
M'aida pour m'en retirer ;
Par la porte de mon allée
Tout mon mobilier passa,
Et j'neus qu'ma femme de brûlée...
On n'est pas plus heureux qu'ça.

Du haut en bas d'une cave
Que je visitais souvent,
J'fis un jour un'chut' si grave,
Qu'on m'crut mort dans l'même instant,
Mais moi, qui suis très ingambe,
J'vis bien, lorsqu'on m'ramassa,
Qu'je n'métais cassé qu'un' jambe...
On n'est pas plus heureux qu'ça.

Un tendre ami d'mon enfance,
M'fit conduire à l'hôpital ;

7

Là j'croyais en conscience,
N'voir jamais finir mon mal ;
Mais un docteur de mérite,
Qu'un de mes n'veux m'adressa,
M'expédia tout de suite...
On n'est pas plus heureux qu'ça.

CHANSON DE TABLE.

Mes chers amis, pour jouir de la vie,
Le verre en main bravant la faux du tems,
Et pour Momus prodiguant notre encens,
Que sa marotte nous rallie.
Joyeux troubadours
Répétons toujours :
Non, non, point de mélancolie !
Oui, le vrai bonheur
Est le son flatteur
De tous les lanla (bis) de nos chansons,
De tous les glou-glou (bis) de nos flacons,
De tous les pan-pan (bis) de nos bouchons.

Dans un concert qu'une voix magnifique
Par ses accens ravisse l'auditeur,
Et qu'un Lafont sur son luth enchanteur
Promène son archet magique.

À tous les grands airs,
  Ces joyeux concerts,
Ces flon-flon-flon de la musique,
  Je préfère encor
  Le joyeux accord
De tous les lanla, etc.

A mon convoi, puisqu'il faut que je meure,
Pour cierge, amis, apportez un flacon,
Et qu'un tonneau de Beaune ou de Mâcon
  Soit ma dernière demeure.
    Remplis du doux jus
    Chantez l'oremus,
  Et qu'aucun de vous ne me pleure :
    Je veux au tombeau,
    Comme en un caveau,
Ouir les lanla (bis) de nos chansons,
Ouir les glou-glou (bis) de nos flacons,
Ouir les pan-pan (bis) de nos bouchons.

CHANSON A BOIRE.

AIR : *La jeune Isabelle.*

BACCHUS, cher Grégoire,
Nobis imperat :

Chantons tous sa gloire,
Et quisque bibat.
Hâtons–nous de faire
Quod desiderat.
Il aime un bon frère
Qui sœpè libat.

Ce coup–là m'appaise,
Et me refecit ,
Mais, ne vous déplaise,
Hoc non sufficit :
Puisque l'abondance
Hic ridet nobis ,
Que l'on recommence,
Faciamus bis.

Ce verre deuxième
Nondùm est satis ,
Et sans un troisième,
Redibit satis.
C'est toi que j'implore ;
Care mi frater ;
Verse , verse encore,
Ut bibamus ter,

Quand je suis à table
Cum fratre bono ;

Qu'avec dame aimable
Lœtè propino ,
Et qu'où tout abonde ,
Regnat libertas ,
Il n'est point au monde
Major voluptas,

Dans ce doux asile ,
Diù potemus :
L'aimable et l'utile
Sunt quod habemus.
Trouver mieux à boire
Quàm ubi sumus ;
C'est ce que, Grégoire ,
Numquàm possumus.

Ami , pour me rendre
Plenè contentum ,
Tes mains ont su prendre
Nectar scelectum.
Vive un homme aimable
Cujus cor rectum ,
Nous fournit à table
Vinum non mixtum !

D'un jus homicide
Fabricatores ,

Que la mort vous guide,
Jàm nunc ad patres.
Que-votre sequelle
Procul abeat,
Et plaise aux dieux qu'elle
Numquàm redeat !

A tout honnête homme
Places, ut mihi ;
Partout on te nomme
Patrem gaudii :
Le souci respecte
Tuam virtutem ;
Ta douceur délecte
Corpus et mentem.

Grands dieux ! quel bien-être,
Quœnam fortuna !
D'être avec tel maître,
Tali dominá !
Que par nous leur gloire
Crescat ubique !
Hàtons-nous de oire,
Fratres utrique.

O toi que la Seine
Ad nos perduxit ;

Toi pour qui Siléne
Sœpè revixit,
Viens dans ma poitrine,
Burgunde liquor;
Toute humeur chagrine
Linquat meum cor.

Ta charmante chaîne,
Amicitia,
Ici nous amène,
Cum lætitiâ:
Sois toute la vie
Nostrum solamen.
Au nœud qui nous lie
Faveas. Amen.

LE BON PASTEUR.

Bons habitans du village,
Prêtez l'oreille un moment;
Ma morale douce et sage
Est toute de sentiment.
Vous saurez bien me comprendre,
C'est le cœur qui parlera :
Quand vous pourrez, venez m'entendre,
Et le bon Dieu vous bénira.

Aux vignes , dans les vendanges ,
Aux champs , pendant les moissons ,
De Dieu chantez les louanges ,
Il sourit à vos chansons :
Quand le plaisir dans la plaine
Le soir vous appellera ,
Dansez gaiment sous le vieux chêne ,
Et le bon Dieu vous bénira.

Un soldat que le froid glace ,
Le soir vient-il à pas lents
Vous demander une place
Près de vos foyers brûlants ;
Sans consulter la bannière
Sous laquelle il s'illustra ,
Vite ouvrez-lui votre chaumière ,
Et le bon Dieu vous bénira.

Loin des cendres de sa mère ,
Chez vous un pauvre exilé
Dévorait sa peine amère ;
Dieu vers lui l'a rappelé.
Qu'importe si sa prière
De la vôtre différa :
Priez pour lui , c'est votre frère ,
Et le bon Dieu vous bénira.

De vos gerbes si nombreuses
Pour moi ne détachez rien ;
Vos familles sont heureuses ;
Leur bonheur suffit au mien.
Ménagez votre abondance
Pour celui qui pàtira ;
Payez la dîme à l'indigence,
Et le bon Dieu vous bénira.

MA PHILOSOPHIE.

On parle de philosophie ;
On ne saurait la définir :
Mais la seule digne d'envie,
La mienne enfin, c'est de jouir.
Sourire à l'aimable folie,
Pour mieux jouir être inconstant,
C'est ainsi qu'on descend gaiment   *bis.*
Le fleuve de la vie.

Les anciens sages de la Grèce
N'étaient pas sages tous les jours ;
On a vu souvent leur sagesse
Echouer auprès des amours.
Sourire, etc.

Laissons aux sots la pruderie,
Laissons la critique aux méchans,
Aux faux dévots, l'hypocrisie
Et le scrupule aux impuissans.
Sourire, etc.

Pour composer son édifice,
L'abeille se nourrit de fleurs ;
Suivons cet exemple propice,
Sachons effleurer tous les cœurs.
Sourire, etc.

Toi, le plus grand des philosophes,
Ami des plaisirs de l'amour,
Épicure, accepte ces strophes,
Je te les dédie en ce jour.
Sourire, etc.

L'HOMME RANGÉ.

Maint vieux parent me répète
Que je mange ce que j'ai ;
Je veux à cette sornette

Répondre en homme rangé :
Quand on n'a rien , landerirette.
On ne saurait manger son bien (bis).

Faut-il que je m'inquiète
Pour quelques frais superflus ?
Si ma conscience est nette ,
Ma bourse l'est encore plus.
Quand on n'a rien , etc.

Un gourmand dans son assiette
Fond le bien de ses aïeux ;
Mon hôte à crédit me traite ;
J'ai bonne chère et vin vieux.
Quand on n'a rien , etc.

Que Mondor , à la roulette ,
A tout son or dise adieu ;
J'y jouerais bien en cachette ,
Mais il faudrait mettre au jeu.
Quand on n'a rien , etc.

Dorval pour une coquette
Se ruine en dons coûteux ;
C'est pour rien que ma Lisette
Me trompe et me rend heureux.
Quand on n'a rien , etc.

~~~~~~

LE MAL DE TÊTE A LA COUR.

Povera
Signora
A des migraines ;
Povera
Signora
Gémit tout bas. Ah ! ah   etc.
Je crois savoir ce qui cause vos peines ,
J'ai pour cela des recettes certaines. Ah ! ah !

Voulez-vous
Des bijoux ,
Un cachemire ?
Voulez-vous
Des bijoux ?
Ils sont à vous. Ah ! ah ! etc.
Je le vois bien , cela ne peut suffire ,
Et votre cœur tout bas soupire. Ah ! ah ! etc.

Voulez-vous
Un époux ?
Je vous vois rire ;
Voulez-vous
Un époux
A vos genoux ? Ah ! ah ! etc.
Vite un époux , voilà tout son désir ;
C'est un époux qu'il faut pour la guérir. Ah !

LES DINDONS.

Air *Du Carillon.*

Les cloches de not' village ,
Qu'elles vous ont un beau son !
C'est un bruit , c'est un tapage ,
Un superbe carillon ;
Le dimanche , aussi la fête
Elles vous cassent la tête
  Dindon–dindon ;
A la messe courrez donc ,
  Dindon–dindon. (*bis*).

Naît–il dans notre village
Un joli petit poupon ,
C'est un bruit , c'est un tapage
Un superbe carillon ;
Au papa dans son ivresse
Chacun fait sa politesse
  Dindon–dindon ;
Voilà le papa , dit–on ,
  Dindon–dindon. (*bis*).

Se fait–il un mariage
Parmi les gens du canton ,

Chez nous c'est aussi l'usage
De sonner le carillon.
Le futur et sa maitresse
Tous deux s'en vont à la messe
  Dindon–dindon ;
Vite mariez–vous donc ;
  Dindon–dindon.   (*bis*).

Meurt–on dans notre village
En laissant beaucoup d'écus,
Les cloches font un tapage,
Un bruit qu'on ne s'entend plus ;
Au défunt, dans sa tristesse
Chacun fait dire une messe
Puis au ciel il va, dit–on ;
  Dindon–dindon.   (*bis*).

MON AMUSEMENT.

Air : *Du départ pour la Syrie.*

N'être jamais fidèle,
N'aimer qu'à voltiger,
Et jurer à sa belle
De ne jamais changer :

Flatter jeunes coquettes
Qui n'aiment qu'un moment,
Et leur conter fleurettes,
C'est mon amusement.

Jeunes femmes changeantes,
Vos défauts sont les miens;
Si je change d'amantes,
Vous changez de liens.
Heureux qui jeune encore
Peut-dire librement :
Belles, je vous adore,
Pour mon amusement.

Ne croyez plus, Sylvie,
Aux sermens que je fais;
Si j'aime à la folie,
Je trompe avec excès.
Tel est mon caractère;
Jamais d'attachement;
Hypocrite pour plaire,
C'est mon amusement.

LES AMOURS DE PARIS,

Ou les trois jours.

AIR *Du Mariage de Figaro.*

Aujourd'hui l'Amour commode
Ne nous donne que des fleurs :
On a banni la méthode
Des vains soupirs et des pleurs.
A Paris, telle est la mode,
Trois jours durent nos amours,
Ils finissent en trois jours.   (bis.)

Au repos d'un bon ménage
Ce système doit pourvoir ;
Le mari le plus sauvage
N'a pas le temps de rien voir ;
Comment surprendre, au passage,
D'aussi rapides amours
Qui s'envolent en trois jours.   (bis.)

Cet usage salutaire
Ne doit pas vous engager,
Par le désir de trop plaire,
Au plaisir de trop changer.

Soyez soumis et sincères,
Et, constants dans vos amours,
Ne quittez qu'après trois jours.　　(bis.)

Ce nombre est très nécessaire :
Le premier c'est pour l'aveu,
Le second, c'est un mystère,
Le troisième est pour l'adieu.
Aimer, vaincre et se déplaire,
C'est l'histoire des amours ;
Elle finit en trois jours.　　　　(bis.)

N'allez pas, censeur austère,
Me juger par ce discours ;
Mon humeur n'est pas légère,
J'aime et j'aimerai toujours.
Or, voici tout le mystère :
Sachez que, dans mes amours,
Trois siècles ce sont trois jours.　(bis.)

QUE CHACUN EN FASSE AUTANT.

Air *du vaudeville de Mameluk.*

Qu'on me blâme ou qu'on me fronde,
Mon sort est digne d'un roi !

8**

Il n'est de bonheur au monde
Que pour les gens tels que moi :
Oui, ma vie est exemplaire,
Pour être toujours content
Je la passe à ne rien faire,
Que chacun en fasse autant.   (ter.)

Je chante, je ris, je danse :
Je bois, je mange, ou je dors,
Mon lit, ma table et ma panse,
Sont mes uniques trésors.
Je verrai finir ma vie
Sans avoir un sou comptant,
Pour ne pas craindre l'envie
Que chacun en fasse autant.

Je ne fais pas antichambre
Chez les critiques du jour,
Chez les sots parfumés d'ambre,
Ni chez les grands de la cour :
Pour rendre le fat moins leste,
Le censeur moins important,
Le parvenu plus modeste,
Que chacun en fasse autant.

On dit que l'humeur légère
De nos tendrons de Paris
Guérit du désir de plaire,
Et fait danser les maris ;

Pour savoir s'il est des dames
Dignes d'un amour constant,
J'en conte à toutes les femmes ;
Que chacun en fasse autant.

Trente créanciers barbares
M'assiègent matin et soir ;
Sur quatre oncles très avares
Je fonde tout mon espoir :
Voyant ma douleur profonde,
L'autre jour le mieux portant
S'embarqua pour l'autre monde ;
Que chacun en fasse autant.

Les procès et les batailles
Sont la perte des états ;
Amis, ce n'est qu'aux futailles
Qu'il faut livrer des combats,
Je ne bats qu'à coups de verre ;
Je ne plaide qu'en chantant :
Pour le bonheur de la terre,
Que chacun en fasse autant.

Dans plus d'une compagnie
J'entends plus d'une chanson
Sans esprit et sans folie,
Et sans rime et sans raison :

Quoique ennuyé de l'antienne,
J'applaudis en l'écoutant :
Quand on chantera la mienne
Que chacun en fasse autànt.

CHANSON BACHIQUE.

AIR : *Aussitôt que la lum r e.*

Aimable Dieu de la treille,
Viens animer nos propos ;
Que ton jus qui nous éveille
Fasse partir les bons mots !
Célébrons avec ivresse
Ce Dieu qui nous a soumis.
Buvons et chantons sans cesse
La bouteille et nos amis.

Chacun son goût, sa manie ;
La nôtre est d'aimer le vin ,
De passer gaiment la vie ,
-Buvant ce nectar divin.
Déjà mes yeux qui se troublent
Rendent joyeux mes esprits ;
Car à la fois ils me doublent
La bouteille et mes amis.

Chanter et faire bombance,
Tel est notre unique emploi :
Que chacun avec constance
Suive cette aimable loi.
Loin de ces lieux la tristesse,
Les chagrins et les soucis !
Mais conservons-y sans cesse
La bouteille et nos amis.

Je voudrais passer ma vie
Entre Bacchus et l'Amour ;
La nuit près de mon amie,
Et près du tonneau le jour.
Mon sort est digne d'envie,
Quand près de moi l'on a mis
Grand verre, femme jolie,
La bouteille et mes amis.

RONDE.

Air *de Camille.*

Notre meunier, chargé d'argent,
S'en allait au village,
V'la tout à coup, v'la qu'il entend
Un grand bruit dans le feuillage ;
Ouf ! ouf !

Notre meunier a ben du cœur,
On dit pourtant qu'il eût grand peur.,
Amis, si vous voulez m'en croire,
N'allez pas dans la forêt noire.

L'autre jour la jeune Isabeau
   S'y promenait seulette,
Elle revint sans son anneau,
   Et sans sa collerette ;
     Hum ! hum !
Notre Isabeau n'manque pas d'cœur ;
Mais que faire contre un voleur ?
Amis, si vous voulez m'en croire,
N'allez pas dans la forêt noire.

Hier au soir dans un ch'min creux,
   Tout seul je m'achemine ;
J'entends comme un cri douloureux
D'queuq'zun qu'on assassine...
     Ah ! ah !
J'vois parait' l'omb' d'feu not' pasteur
Qui m'crie d'une voix à faire peur :
Amis, si vous voulez m'en croire,
N'allez pas dans la forêt noire.

LA TABLE.

Air *du verre.*

Le dieu des vers sur un laurier
Inscrit les fils de la Victoire ;
Le soldat, sur son bouclier,
Grave les marques de sa gloire.
Hier aux autels de Vénus
Je traçai mes vœux sur le sable ;
Aujourd'hui je suis chez Comus,
Je vais écrire sur la table.

Je hais le faste et la grandeur :
Chez moi point d'apprêts d'étiquette ;
La franchise et la bonne humeur
Font les honneurs de ma retraite.
Là, je trouve un simple repas,
Que l'amitié rend délectable ;
Le plaisir, qu'on n'invite pas,
Sans façon s'assied à ma table.

Voyez ce superbe oppresseur :
Debout il veille sur son trône ;
S'il dort, dans un songe vengeur
Il voit s'échapper sa couronne.

Lucas, qui s'énivre gaiment,
Surpris par un rêve agréable,
Se croit riche et trouve souvent
Une couronne sous la table.

J'aime toujours à voyager ;
Mais alors Bacchus m'accompagne.
A table je fais, sans bouger,
Un tour en Bourgogne, en Champagne ;
Lorsque, las de voir du pays,
Et devenu plus raisonnable,
Je veux visiter mes amis,
Je fais le tour de cette table.

Un jour, à la voix d'Atropos,
Il me faudra battre en retraite ;
Adieu, perdrix et dindonneaux,
Et vous, amis, que je regrette.
Ah ! n'attristez pas ce moment ;
Point d'épitaphe lamentable ;
Je prétends mourir en buvant,
Et qu'on m'enterre sous la table.

LA VEILLÉE DE VILLAGE.

Air : *Il y a cinquante ans et plus.*

Déjà l'on grelotte un peu ;
L'on regagne la chaumière ;
Et l'automne, au coin du feu,
Joint les filles (bis) aux commères ;
Les rouets des vieilles mères,
Les regards des jeunes gens,
Et les soupirs des bergères,
Tout ça marche en même tems. (bis).

Martine va raconter ;
Chacun vante sa mémoire :
Silence ! on veut écouter,
Ici l'amant, là l'histoire ;
Le difficile est de croire :
Mais les conteurs, les amans,
Tous deux mettent là leur gloire :
Tout ça marche en même tems.

L'histoire tire à sa fin ,
Aisément on le présume ,
Les rouets restent sans lin ,
Tout cela c'est la coutume :

9

I

Si la lampe se consume ,
Et ne luit que par momens
Le cœur d'Annette s'allume ;
Tout ça marche en même tems.

La lumière va finir,
Et Lubin qui lorgne Annette
Dit : « Il faut se divertir :
» Qu'à la main chaude on s'apprête. »
Le gaillard qui n'est pas bête,
Sait profiter des instans :
Le cœur, les mains et la tête ,
Tout ça marche en même tems.

Las de rire et de parler,
Les jeunes prêtent l'oreille ;
Lasses de toujours filer,
Déjà ronfle chaque vieille :
Si la prudence sommeille :
Pour le bonheur des amans,
Secrètement l'amour veille ;
Tout ça marche en même tems.

LA MODERATION.

AIR : *Colin disait à Lise un jour.*

Il faut savoir borner ses vœux,
 Nous dit un grave personnage :
Il n'est qu'un moyen d'être heureux
Et de prouver que l'on est sage,
 Voici le moyen ;
 Quand nous, n'avons rien...
N'en demandons pas davantage (bis.)

Épicure, que nous suivons,
Adopta presque cet adage ;
Oui, dit-il, tant que nous pouvons,
Sans bruit, sans trouble et sans orage,
 Fêter nuit et jour
 Bacchus et l'amour...
N'en demandons pas davantage.

Mes bons amis, ne dit-on pas
Que notre vie est un voyage ?
Hé bien ! pour alléger nos pas
Ne portons qu'un petit bagage ;
 Si notre trésor
 Renferme assez d'or...
N'en demandons pas davantage.

Pour maitresse contentons-nous
De fillette au gentil corsage,
Au teint frais, à l'œil vif et doux ;
Et... pourvu qu'elle ait en partage
   Esprit et gaité,
   Candeur et beauté...
N'en demandons pas davantage.

A diner, loin d'être gourmets,
Si l'on nous donne un bon potage,
Suivi de quelques jolis mets...
Et de vieux vin de l'Hermitage ;
   Puis si l'on nous sert
   Liqueurs et dessert...
N'en demandons pas davantage.

Ne cherchons pas dans les chansons
Vers pompeux et brillant langage ;
Mais si nous y reconnaissons
Naïf et piquant badinage,
   Couplet bien écrit,
   Refrain plein d'esprit...
N'en demandons pas davantage.

Si nous courons dans notre été,
Ainsi qu'au printems de notre âge
Sur les pas de la volupté,
Et si nous voyons au passage

Pour chaque désir
Éclore un plaisir...
N'en demandons pas davantage.

Si nous aimons dans nos vieux ans
Le repos, les fleurs et l'ombrage,
Et si les destins bienfaisans
Nous logent près d'un vert bocage,
Dans un climat sain
Et sans médecin...
N'en demandons pas davantage.

Nous savons bien qu'il faut un jour
Aborder le sombre rivage,
Et pour passer à notre tour
Le Phlégéton, suivant l'usage,
Si monsieur le Temps
Nous donne cent ans...
N'en demandons pas davantage.

~~~~~~

LES SOUVENIRS.

AIR : *Tout est perdu.*

Je pense à vous, ombres que je révère,
Guerriers fameux que la gloire guida ;

9**

Qu'est devenu votre roi, votre père,
Ce Pharamond qui chez vous commanda ?
De votre époque il brava les tempêtes,
Il dut le sceptre à ses mâles vertus.
Quatorze siècles ont passé sur vos têtes ;
Vous n'êtes plus, vous n'êtes plus.

Je pense à vous, héroïque pucelle,
Dont la valeur égalait la beauté,
A vos discours, à votre fin cruelle,
A vos bourreaux, à leur férocité ;
A cette Agnès, à ce Charles si tendres ;
Mais, vains regrets, soupirs superflus !
Le marbre froid sert d'asiles à vos cendres.
Vous n'êtes plus, vous n'êtes plus.

Je pense à vous, charmante Gabrielle,
A cet amant, ce joyeux Béarnais,
Ce digne roi, des héros le modèle,
A ce Henri, le père des Français :
A vous, Sully, l'honneur de votre maître ;
Précieux ami de cet autre Titus,
L'affreux trépas vous a fait disparaître.
Vous n'êtes plus, vous n'êtes plus.

Je pense à vous, sensible Lavallière,
A vos chagrins, ainsi qu'à vos amours,
A ce Louis, dont l'âme tendre et fière,
Ne vous aima que pour vous fuir toujours ;

A vous, Turenne, et Condé si célèbres,
Héros fameux, par la mort abattus ;
La nuit des temps vous couvre de ténèbres.
Vous n'êtes plus, vous n'êtes plus.

Je pense à vous, mais, las ! que puis-je dire?
Votre grand nom a rempli l'univers !
Mon cœur s'émeut, ma faible voix expire.
Dois-je parler ou de gloire ou de fers ?
Vainqueur fameux d'Austerlitz et d'Arcole,
Vous, dont le cœur honora les vaincus,
Je vois aux cieux briller votre auréole.
Vous n'êtes plus, vous n'êtes plus.

LE BON CONSEIL.

Air : *La bonne aventure ô gué !*

Bacchus est ma déité,
Que chacun l'apprenne ;
On court après la gaîté,
Je lui dois la mienne ;
Bacchus sait nous rajeunir,
Moquons-nous de l'avenir,
Versez-nous à boire, ô gué !
Versez-nous à boire.

On dit qu'il faut traverser
Un jour l'onde noire ;

Pourquoi s'en embarrasser ?
Il faut rire et boire.
Nargue du fatal instant !
Qu'on embrasse en attendant ,
Chacun sa voisine , ô gué !
Chacun sa voisine.

Amis , laissons-la venir ,
La Parque sévère ,
A cent ans je veux tenir
Sans trembler mon verre ;
La vieille dira : jarni ,
Il ne fait pas bon ici ;
Il a la main sûre , ô gué !
Il a la main sûre.

CHANSON DÉDIÉE AUX CHASSEURS.

Air : *Amis , plantons du raisin.*

Tu te romps en vain la tête
A rechercher le vrai bien.
Dans ton humeur inquiète ,
Tu n'es satisfait de rien.
Tu remplis ton existence
D'amertume et de douleur ;
Viens apprendre la science
Et le chemin du bonheur
A l'école du chasseur (bis.)

Dans les liens de la goutte
Te voilà donc garotté !
Ton mal est affreux sans doute,
Mais tu l'as trop mérité.
Sais-tu bien ce qu'il faut faire
Pour apaiser sa fureur ?
Défends à l'apothicaire
Ta porte, ainsi qu'au docteur,
Et viens te faire chasseur (bis.)

Lucullus, la bonne chère
Préside à tous tes repas ;
Mais il faut que l'on digère,
Cela ne s'achète pas.
A ton estomac malade
Veux-tu rendre la vigueur
Et dans le mets le plus fade
Rencontrer de la saveur ?
Il faut te faire chasseur. (bis.)

De cette actrice nouvelle
Je te vois fort entêté ;
Tu vas bientôt avec elle
Perdre et fortune et santé.
Contre ces douces Syrènes
Veux-tu prémunir ton cœur ?
Accours, reviens dans nos plaines
Oublier ta folle ardeur
Sous l'étendart du chasseur. (bis.)

Tout entier à mon idole
Je rêve à la liberté ;
Dans les champs l'oiseau qui vole
M'en peint la félicité.
A cette charmante image
Veux-tu réchauffer ton cœur ?
Des plaisirs du premier âge
Veux-tu goûter la douceur ?
Mon ami , fais-toi chasseur (bis.)

Aimez-vous l'adresse exquise ,
Jointe à la simplicité ?
Aimez-vous cette franchise ,
L'ornement de la gaité ?
Recherchez-vous le courage ,
Recherchez-vous la valeur ?
Sous un air un peu sauvage ,
Désirez-vous un bon cœur ?
Venez auprès du chasseur (bis.)

Charme de notre jeunesse ,
Doux appui de nos vieux ans !
Femmes, que votre faiblesse
Livre à de jaloux tyrans !
Vous , surtout , gentille fillette ,
Que poursuit un vieux tuteur ,
Cherchez-vous une retraite ,
Cherchez-vous un protecteur ?
Rendez-vous près d'un chasseur (bis.)

TABLE
DES CHANSONS
CONTENUES DANS CE VOLUME.

FIN DE LA TABLE.

www.ingramcontent.com/pod-product-compliance
Lightning Source LLC
Chambersburg PA
CBHW060627100426
42744CB00008B/1527